Impressum
Verlag: BABADADA GmbH, Nedderfeld 112 , 22529 Hamburg
Geschäftsführer / Verlagsleitung: Harald Hof
Druck: Books on Demand GmbH, In de Tarpen 42, 22848 Norderstedt

Imprint
Publisher: BABADADA GmbH, Nedderfeld 112 , 22529 Hamburg, Germany
Managing Director / Publishing direction: Harald Hof
Print: Books on Demand GmbH, In de Tarpen 42, 22848 Norderstedt, Germany

mokykla

училище

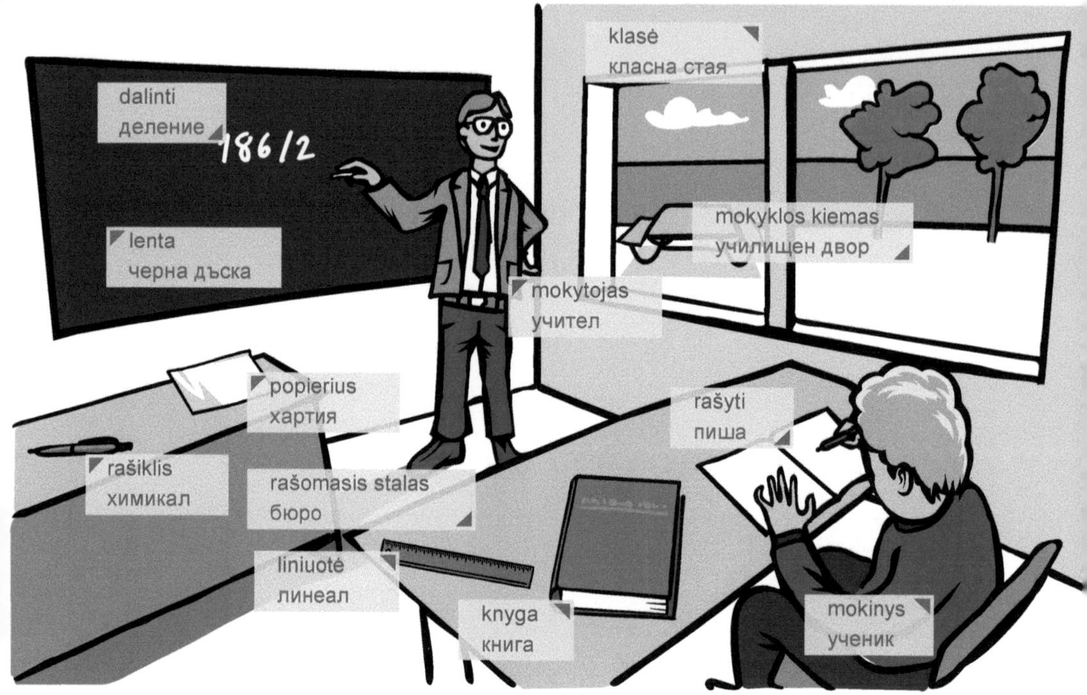
klasė
класна стая
dalinti
деление
186/2
lenta
черна дъска
mokyklos kiemas
училищен двор
mokytojas
учител
popierius
хартия
rašyti
пиша
rašiklis
химикал
rašomasis stalas
бюро
liniuotė
линеал
knyga
книга
mokinys
ученик

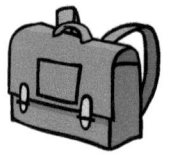

kuprinė

ученическа раница

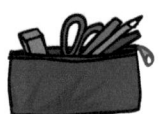

penalas

ученически несесер

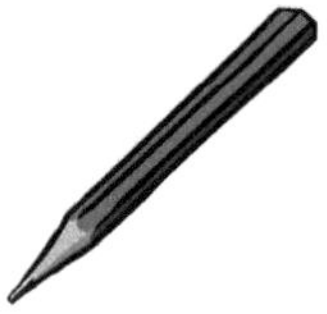

pieštukas

молив

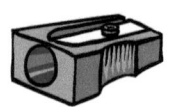

drožtukas

острилка за моливи

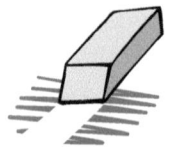

trintukas

гума

piešimo bloknotas

блок за рисуване

piešinys

рисунка

teptukas

четка

dažų dėžutė

акварелни бои

žirklės

ножица

klijai

лепило

vadovėlis

тетрадка за упражнения

namų darbai

домашна работа

numeris

число

pridėti

събиране

atimti

изваждане

dauginti

умножение

skaičiuoti

смятане

raidė

буква

abėcėlė

азбука

žodis

дума

tekstas

текст

skaityti

чета

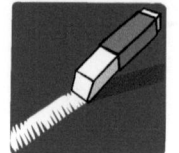

kreida

тебешир

pamoka

час

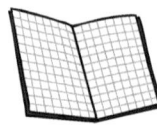

dienynas

дневник на класа

egzaminas

изпит

pažymėjimas

свидетелство

mokyklinė uniforma

ученическа униформа

išsilavinimas

образование

enciklopedija

справочник

universitetas

университет

mikroskopas

микроскоп

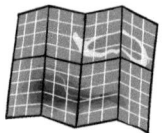

žemėlapis

карта

šiukšliadėžė

кошче за хартиени отпадъци

kelionė

пътуване

Grand
viešbutis
хотел
ROOMS
svečių namai
хостел
valiutos keitykla
обменно бюро
lagaminas
куфар
mašina
кола

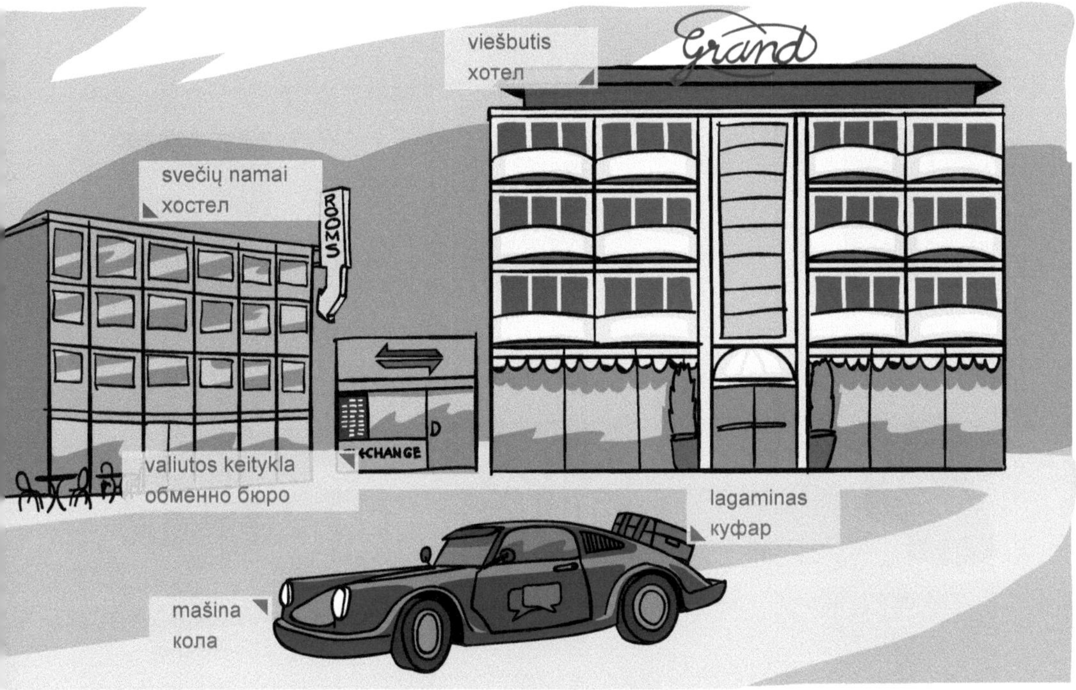

kalba

език

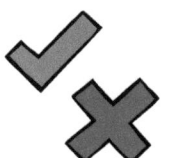

taip / ne

да / не

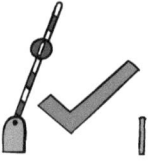

Gerai

Окей

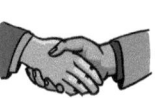

sveiki

здравей

vertėjas raštu

преводач

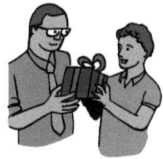

Ačiū

Благодаря

kiek kainuoja...?

Колко струва...?

aš nesuprantu

Не разбирам

problema

проблем

Labas vakaras!

Добър вечер!

Labas rytas!

Добро утро!

Labos nakties!

Лека нощ!

viso gero

довиждане

kryptis

посока

bagažas

багаж

krepšys

пътна чанта

kuprinė

раница

svečias

посетител

kambarys

стая

miegmaišis

спален чувал

palapinė

палатка

kelionė - пътуване

turizmo informacija

туристическа информация

paplūdimys

плаж

kreditinė kortelė

кредитна карта

pusryčiai

закуска

pietūs

обед

vakarienė

вечеря

bilietas

билет

liftas

асансьор

pašto ženklas

пощенска марка

siena

граница

muitinė

митница

ambasada

посолство

viza

виза

pasas

паспорт

transportas
транспорт

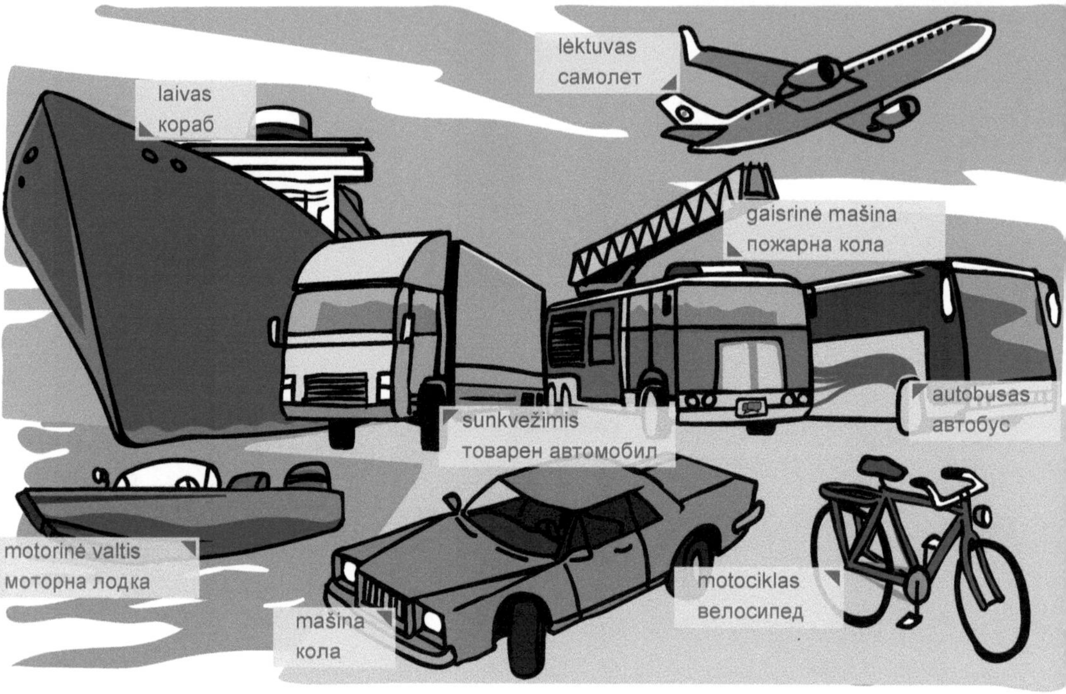
lėktuvas
самолет
laivas
кораб
gaisrinė mašina
пожарна кола
autobusas
автобус
sunkvežimis
товарен автомобил
motorinė valtis
моторна лодка
motociklas
велосипед
mašina
кола

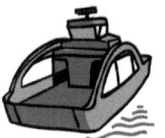

keltas

ферибот

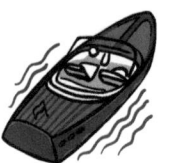

valtis

лодка

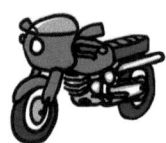

mopedas

мотоциклет

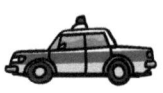

policijos automobilis

полицейска кола

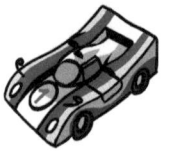

lenktyninis automobilis

състезателна кола

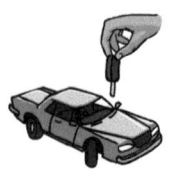

nuomojamas automobilis

кола под наем

bendras automobilio
naudojimas
каршеринг

techninės pagalbos
automobilis
автомобил от "Пътна
помощ"

šiukšliavežė
сметовоз

variklis
двигател

degalai
бензин

degalinė
бензиностанция

kelio ženklas
пътен знак

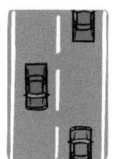

eismas
улично движение

eismo spūstis
задръстване

mašinų stovėjimo aikštelė
паркинг

traukinių stotis
гара

bėgiai
релси

traukinys
влак

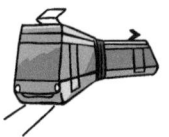

tramvajus
трамвай

vagonas
вагон

transportas - транспорт

sraigtasparnis

хеликоптер

oro uostas

аерогара

bokštas

кула

keleivis

пасажер

konteineris

контейнер

dėžė

кашон

vežimėlis

ръчна количка

krepšys

кошница

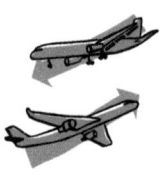

pakilti / nusileisti

излитам / приземявам се

miestas

град

kaimas

село

miesto centras

градски център

namas

къща

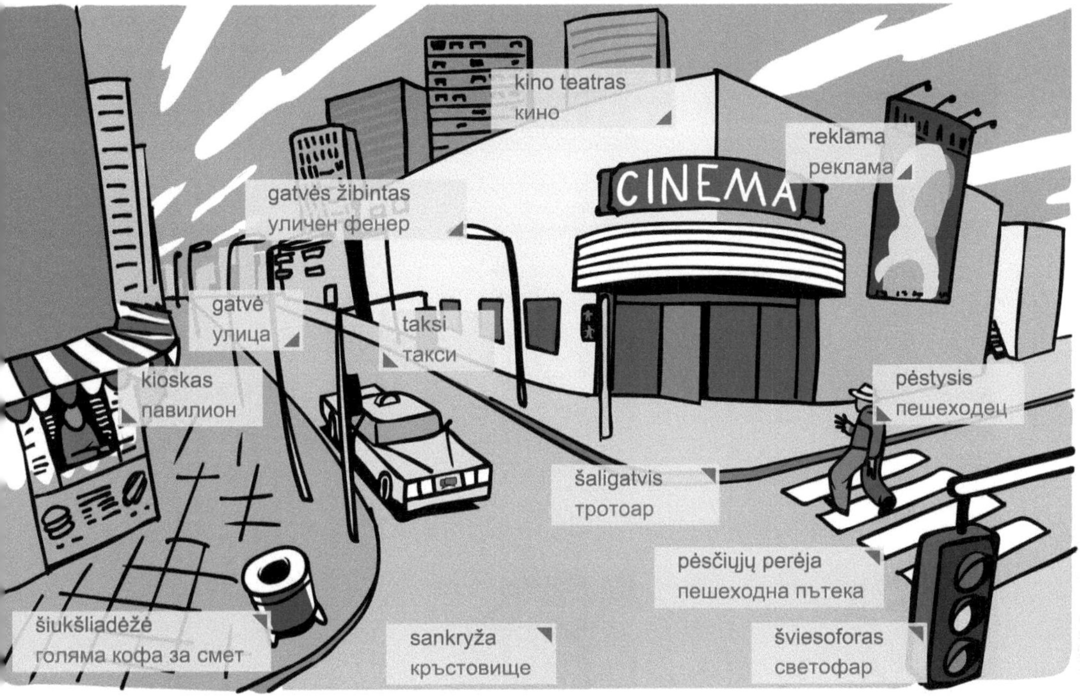

kino teatras
кино

reklama
реклама

gatvės žibintas
уличен фенер

gatvė
улица

taksi
такси

pėstysis
пешеходец

CINEMA

kioskas
павилион

šaligatvis
тротоар

pėsčiųjų perėja
пешеходна пътека

šiukšliadėžė
голяма кофа за смет

sankryža
кръстовище

šviesoforas
светофар

trobelė
хижа

butas
жилище

traukinių stotis
гара

rotušė
кметство

muziejus
музей

mokykla
училище

miestas - град

universitetas
университет

bankas
банка

ligoninė
болница

viešbutis
хотел

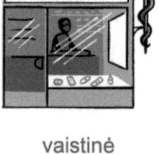

vaistinė
аптека

biuras
офис

knygynas
книжарница

parduotuvė
магазин за цветя

gėlių parduotuvė
магазин за цветя

prekybos centras
супермаркет

turgus
пазар

universalinė parduotuvė
универсален магазин

žuvies parduotuvė
търговец на риба

prekybos centras
търговски център

uostas
пристанище

parkas

парк

suoliukas

пейка

tiltas

мост

laiptai

стълба

metro

метро

tunelis

тунел

autobusų stotelė

автобусна спирка

baras

бар

restoranas

ресторант

lauko pašto dėžutė

пощенска кутия

kelio ženklas

улична табелка

parkomatas

часовник за паркинг
престой

zoologijos sodas

зоологическа градина

baseinas

плувен басейн

mečetė

джамия

ūkininko ūkis

селски двор

tarša

замърсяване на околната среда

kapinės

гробище

bažnyčia

църква

žaidimų aikštelė

детска площадка

šventykla

храм

kraštovaizdis
пейзаж

lapas
листо

kelio rodyklė
пътепоказател

kelias
път

pieva
ливада

aktuo
камък

medis
дърво

ėjikas
пътешественик

upė
река

žolė
трева

gėlė
цвете

slėnis
долина

kalva
планина

ežeras
море

miškas
гора

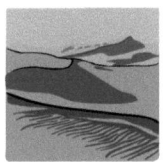

dykuma
пустиня

ugnikalnis
вулкан

pilis
замък

vaivorykštė
дъга

grybas
гъба

palmė
палма

uodas
комар

musė
муха

skruzdėlė
мравка

bitė
пчела

voras
паяк

vabalas

бръмбар

varlė

жаба

voverė

катеричка

ežys

таралеж

kiškis

заек

pelėda

кукумявка

paukštis

птица

gulbė

лебед

šernas

диво прасе

elnias

елен

briedis

лос

užtvanka

бент

vėjo jėgainė

вятърна турбина

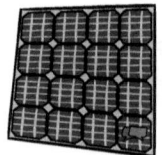

saulės baterija

соларен модул

klimatas

климат

restoranas

ресторант

padavėjas
келнер
meniu
меню
kėdė
стол
sriuba
супа
pica
пица
stalo įrankiai
прибори за хранене
staltiesė
покривка за маса

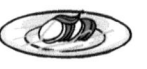

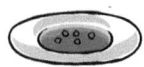

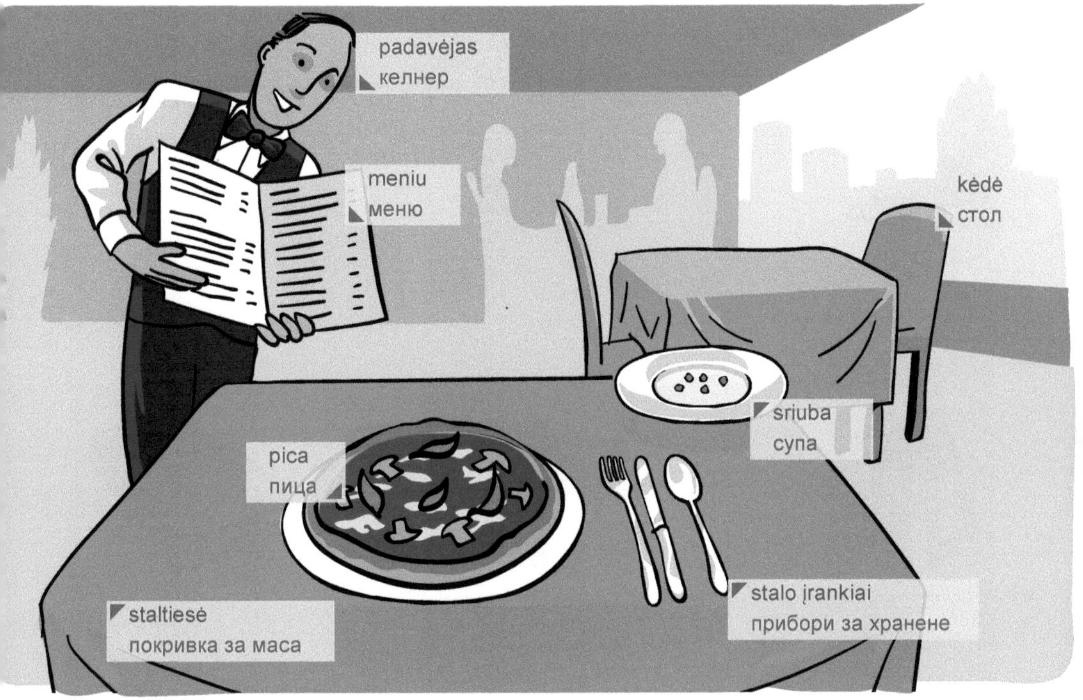

užkandis

предястие

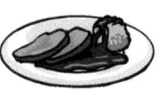

pagrindinis patiekalas

основно ястие

desertas

десерт

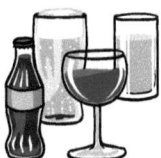

gėrimai

напитки

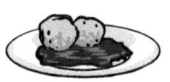

maistas

ядене

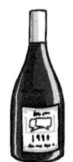

butelis

бутилка

greitai pateikiamas maistas

бързо хранене

gatvės maistas

улична храна

arbatinukas

кана за чай

cukrinė

кутия за захар

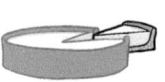

porcija

порция

espreso aparatas

еспресо машина

aukšta kėdė

висок детски стол

sąskaita

сметка

padėklas

табла

peilis

ножица за нокти

šakutė

вилица

šaukštas

лъжица

arbatinis šaukštelis

чаена лъжичка

servetėlė

салфетка

stiklinė

стъклена чаша

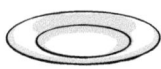

lėkštė

чиния

sriubos lėkštė

чиния за супа

padėklas

чинийка

padažas

сос

druskinė

солница

pipirų malūnėlis

мелничка за черен пипер

actas

оцет

aliejus

олио

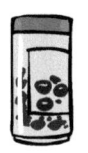

prieskoniai

подправки

kečupas

кетчуп

garstyčios

горчица

majonezas

майонеза

prekybos centras

супермаркет

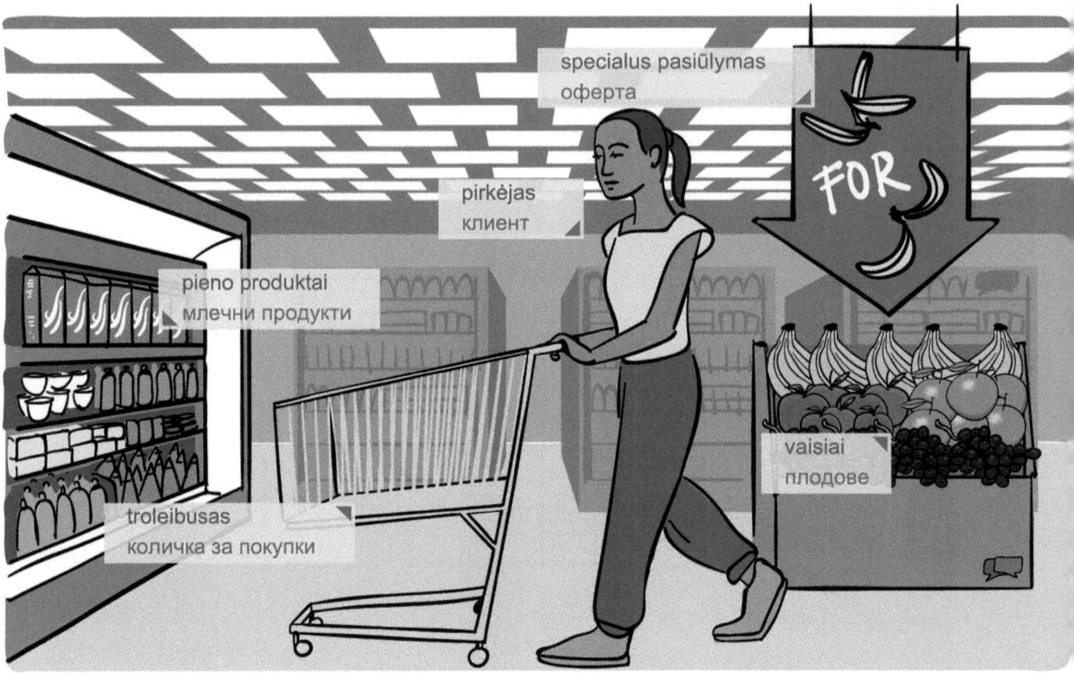

specialus pasiūlymas
оферта
FOR
pirkėjas
клиент
pieno produktai
млечни продукти
vaisiai
плодове
troleibusas
количка за покупки

BUTCHERS

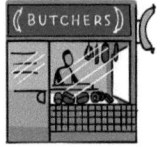

mėsos parduotuvė

клaница

BAKERY

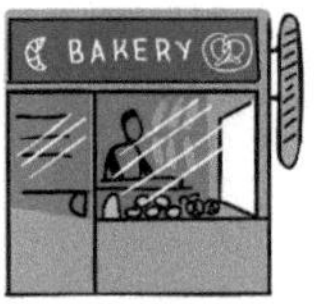

kepykla

хлебарница

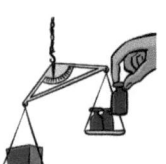

sverti

тегля

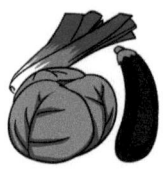

daržovės

зеленчуци

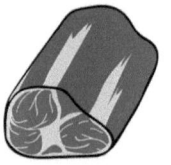

mėsa

месо

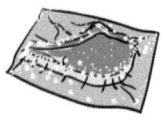

šaldytas maistas

дълбоко замразена храна

šalti mėsos užkandžiai

narязан колбас или сирене

konservai

консерви

skalbimo milteliai

перилен препарат

saldumynai

лакомства

ūkinės prekės

домакински изделия

valymo priemonės

почистващи препарати

pardavėja

продавачка

kasos aparatas

каса

kasininkas

касиер

pirkinių sąrašas

списък на покупките

darbo valandos

работно време

piniginė

портфейл

kreditinė kortelė

кредитна карта

maišelis

чанта

plastikinis maišelis

пластмасова торба

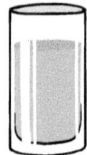

vanduo

вода

sultys

сок

pienas

мляко

kola

кола

vynas

вино

alus

бира

alkoholis

алкохол

kakava

какао

arbata

чай

kava

кафе машина

espresas

еспресо

kapučinas

капучино

bananas

банан

obuolys

ябълка

apelsinas

портокал

arbūzas

пъпеш

citrina

лимон

morka

морков

česnakas

чесън

bambukas

бамбук

svogūnas

лук

grybas

гъба

riešutai

ядки

makaronai

макарони

spagečiai

спагети

ryžiai

ориз

salotos

салата

traškučiai

пържени картофи

keptos bulvės

печени картофи

pica

пица

mėsainis

хамбургер

sumuštinis

сандвич

pjausnys

шницел

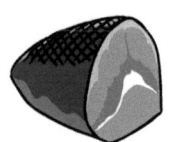

kumpis

шунка

saliamis

траен колбас

dešrelė

салам

vištiena

пиле

kepsnys

печено

žuvis

риба

avižų dribsniai

овесени ядки

dribsniai su priedais

мюсли

kukurūzų dribsniai

корнфлейкс

miltai

брашно

prancūziškasis ragelis

кроасан

bandelė

хлебчета

duona

хляб

skrebutis

препечена филийка

sausainiai

бисквити

sviestas

масло

varškė

извара

tortas

сладкиш

kiaušinis

яйце

kiaušinienė

яйца на очи

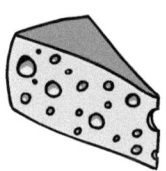

sūris

сирене

ledai

сладолед

cukrus

захар

medus

мед

uogienė

мармалад

tepamas šokoladas

нуга крем

karis

къри

ūkininko ūkis

селски двор

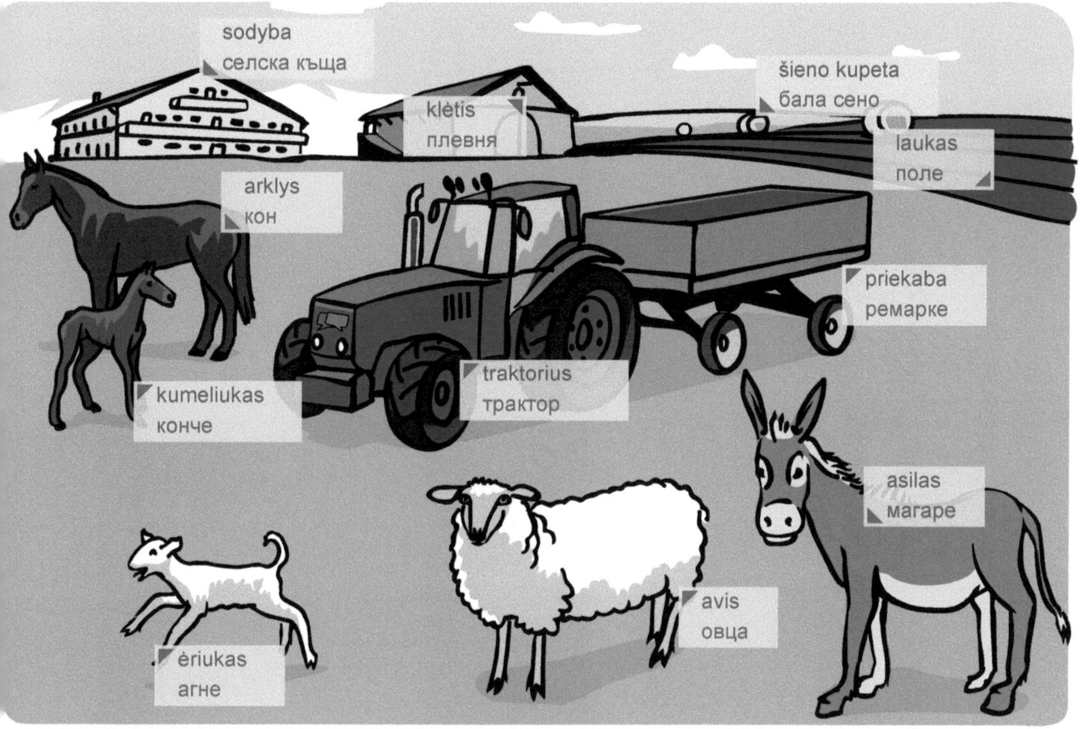

sodyba
селска къща
klėtis
плевня
šieno kupeta
бала сено
laukas
поле
arklys
кон
priekaba
ремарке
traktorius
трактор
kumeliukas
конче
asilas
магаре
avis
овца
ėriukas
агне

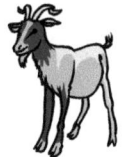

ožys
коза

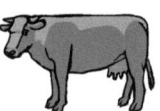

karvė
крава

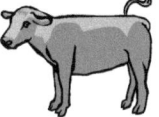

veršis
теле

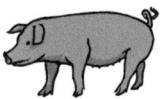

kiaulė
свиня

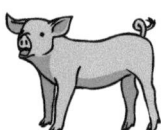

paršelis
прасенце

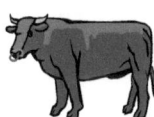

bulius
бик

žąsis

гъска

antis

патица

viščiukas

пиленце

višta

кокошка

gaidys

петел

žiurkė

плъх

katė

котка

pelė

мишка

jautis

вол

šuo

куче

šuns būda

кучешка колиба

sodo namas

градински маркуч

laistytuvas

лейка

dalgis

коса

plūgas

плуг

pjautuvas

сърп

kauptukas

мотика

šakės

вила за тор

kirvis

брадва

statinė

ръчна количка

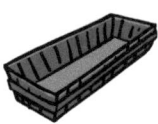

lovys

корито

bidonas

съд за мляко

maišas

чувал

tvora

ограда

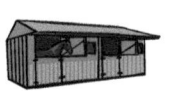

arklidė

обор

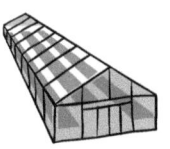

šiltnamis

парник

dirva

земя

sėkla

сеитба

trąšos

тор

kombainas

комбайн

rinkti

жъна

derlius

реколта

saldžiosios bulvės

ямс

kviečiai

жито

soja

соя

bulvė

картоф

kukurūzai

царевица

rapsai

рапица

vaismedis

овощно дърво

manijokas

маниока

grūdai

зърнени храни

namas
къща

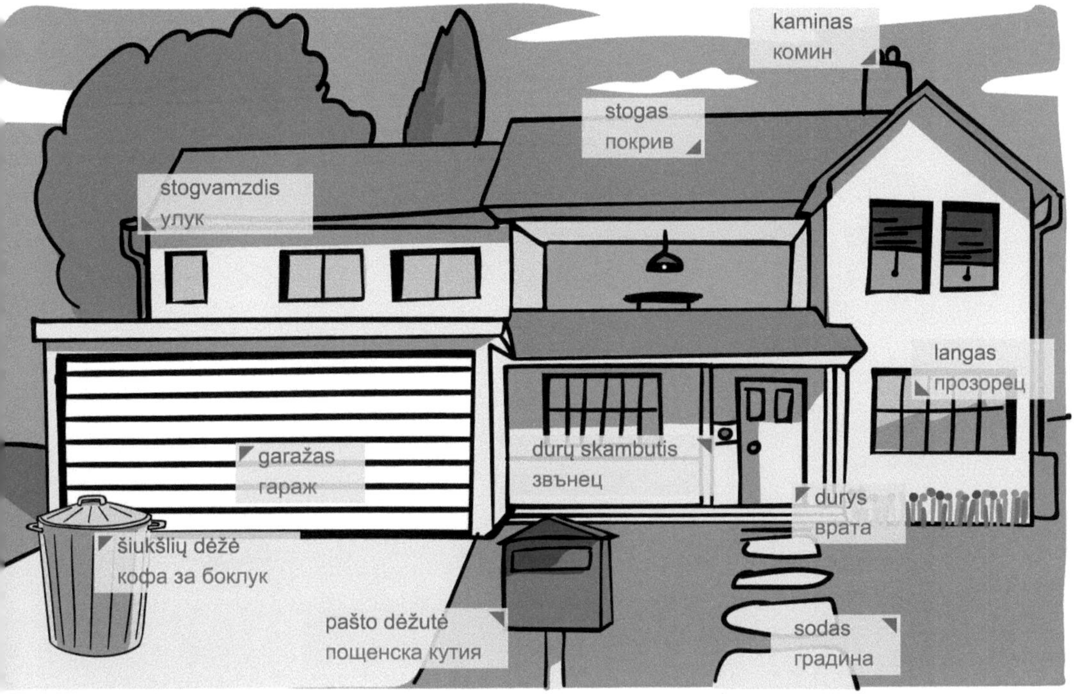
kaminas
комин
stogas
покрив
stogvamzdis
улук
langas
прозорец
durų skambutis
звънец
garažas
гараж
durys
врата
šiukšlių dėžė
кофа за боклук
pašto dėžutė
пощенска кутия
sodas
градина

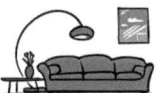

svetainė
всекидневна

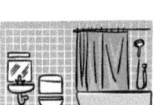

vonios kambarys
баня

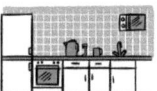

virtuvė
кухня

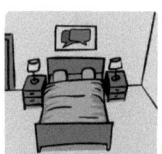

miegamasis
спалня

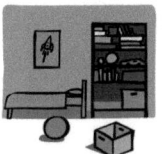

vaiko kambarys
детска стая

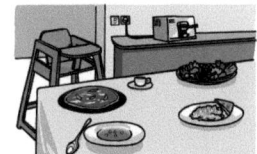

valgomasis
трапезария

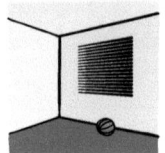

grindys

под

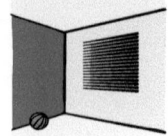

siena

стена

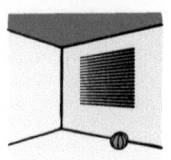

lubos

таван

rūsys

изба

sauna

сауна

balkonas

балкон

terasa

тераса

baseinas

плувен басейн

žoliapjovė

косачка

paklodė

спално бельо

lovatiesė

покривка за легло

lova

легло

šluota

метла

kibiras

кофа

jungiklis

електрически ключ

svetainė

всекидневна

tapetai
тапет
nuotrauka
картина
šviestuvas
лампа
lentyna
рафт
spintelė
шкаф
televizorius
телевизор
židinys
камина
gėlė
цвете
pagalvėlė
възглавница
sofa
канапе
vaza
ваза
nuotolinio valdymo pultelis
дистанционно управление

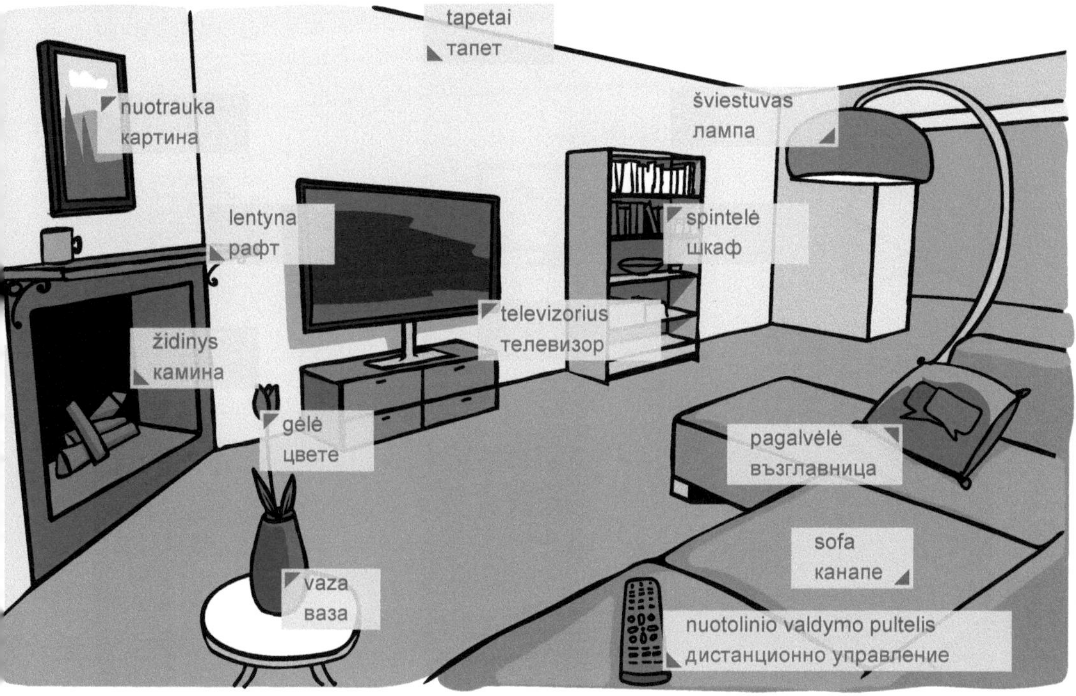

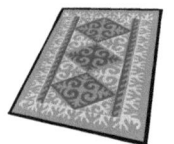

kilimas

килим

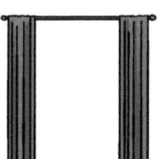

užuolaida

завеса

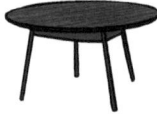

stalas

маса

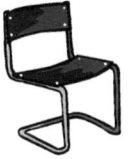

kėdė

стол

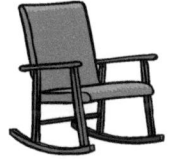

supamasis krėslas

люлеещ се стол

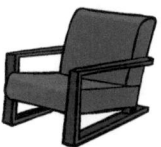

fotelis

кресло

knyga

книга

antklodė

одеяло

papuošimai

декорация

malkos

дърва за отопление

filmas

филм

stereo aparatūra

стерео уредба

raktas

ключ

laikraštis

вестник

paveikslas

живопис

plakatas

постер

radijas

радио

užrašų knygelė

бележник

dulkių siurblys

прахосмукачка

kaktusas

кактус

žvakė

свещ

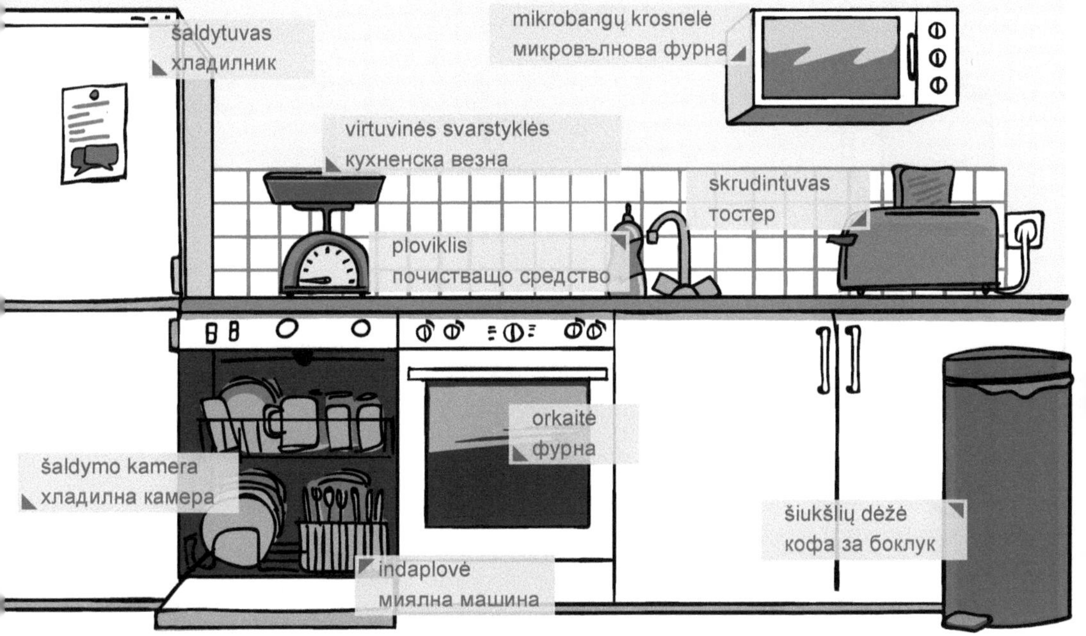

šaldytuvas
хладилник

mikrobangų krosnelė
микровълнова фурна

virtuvinės svarstyklės
кухненска везна

skrudintuvas
тостер

ploviklis
почистващо средство

šaldymo kamera
хладилна камера

orkaitė
фурна

šiukšlių dėžė
кофа за боклук

indaplovė
миялна машина

viryklė

готварска печка

puodas

тенджера

ketaus puodas

желязна тенджера

„wok" keptuvė

уок / кадаи

keptuvė

тиган

virdulys

кана за затопляне на вода

garų puodas

уред за готвене на пара

kepimo skarda

тава за печене

porceliano indai

съдове

puodelis

чаша

dubuo

купа

valgomosios lazdelės

клечки за хранене

samtis

черпак

mentelė

лопатка за тиган

plaktuvas

тел за разбиване (на яйца, белтъци)

koštuvas

кошница за варене

sietas

гевгир

trintuvė

ренде

grūstuvė

хаван

kepsninė

барбекю

atvira liepsna

огнище

pjaustymo lentelė

дъска

kočėlas

точилка

kamščiatraukis

тирбушон

skardinė

кутия

skardinių atidarytuvas

отварачка за консерви

puodkėlė

кухненска ръкохватка

kriauklė

мивка

šepetys

четка

kempinė

гъба

trintuvas

миксер

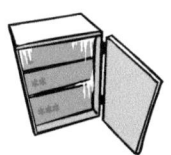

šaldiklis

фризер

kūdikių buteliukas

бебешко шише

čiaupas

воден кран

vonios kambarys

баня

dušas
душ
šildymas
отопление
rankšluostis
хавлиена кърпа
dušo užuolaidos
завеса за баня
vonios putos
шампоан за вана
vonia
вана
stiklinė
стъклена чаша
skalbimo mašina
перална машина
čiaupas
воден кран
plytelės
плочки
naktinis puodukas
гърне
kriauklė
мивка

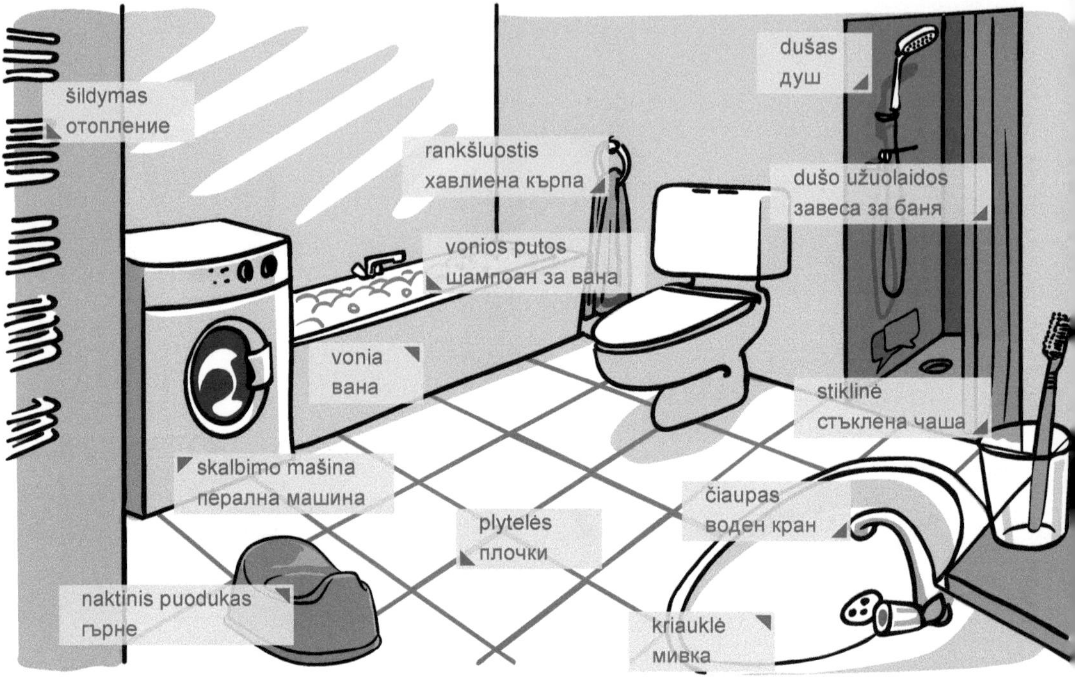

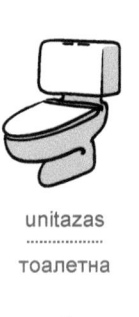

unitazas

тоалетна

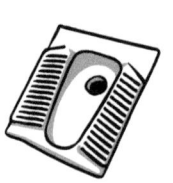

tupimasis unitazas

клекало

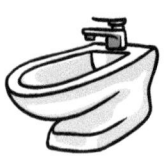

bidė

биде

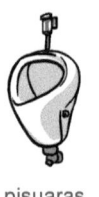

pisuaras

писоар

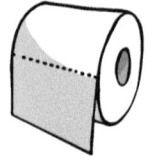

tualetinis popierius

тоалетна хартия

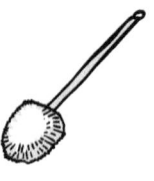

unitazo šepetys

четка за тоалетна

dantų šepetėlis

четка за зъби

dantų pasta

паста за зъби

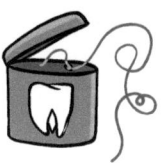

dantų siūlas

конец за зъби

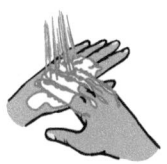

plauti

мия

dušo galvutė

ръчен душ

higieninis dušas

интимен душ

praustuvas

леген

nugaros plaušinė

четка за гръб

muilas

сапун

dušo želė

душ гел

šampūnas

шампоан за вана

plaušinė

гъба за баня

kanalizacija

сифон

kremas

крем

dezodorantas

дезодорант

veidrodis

огледало

veidrodėlis

козметично огледало

skustuvas

ръчна самобръсначка

skutimosi putos

пяна за бръснене

losjonas po skutimosi

одеколон за след
бръснене

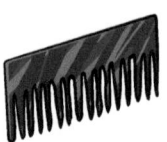

šukos

гребен

šepetys

четка

plaukų džiovintuvas

сешоар

plaukų lakas

спрей за коса

makiažas

грим

lūpdažis

червило

nagų lakas

лак за нокти

vata

памук

žirklutės nagams

ножица за нокти

kvepalai

парфюм

maišelis skalbiniams

толетна чантичка

taburetė

табуретка

svarstyklės

везна

chalatas

хавлия

guminės pirštinės

домакински ръкавици

tamponas

тампон

higieninis įklotas

дамски превръзки

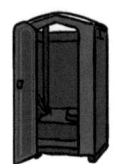

biotualetas

химическа тоалетна

vaiko kambarys

детска стая

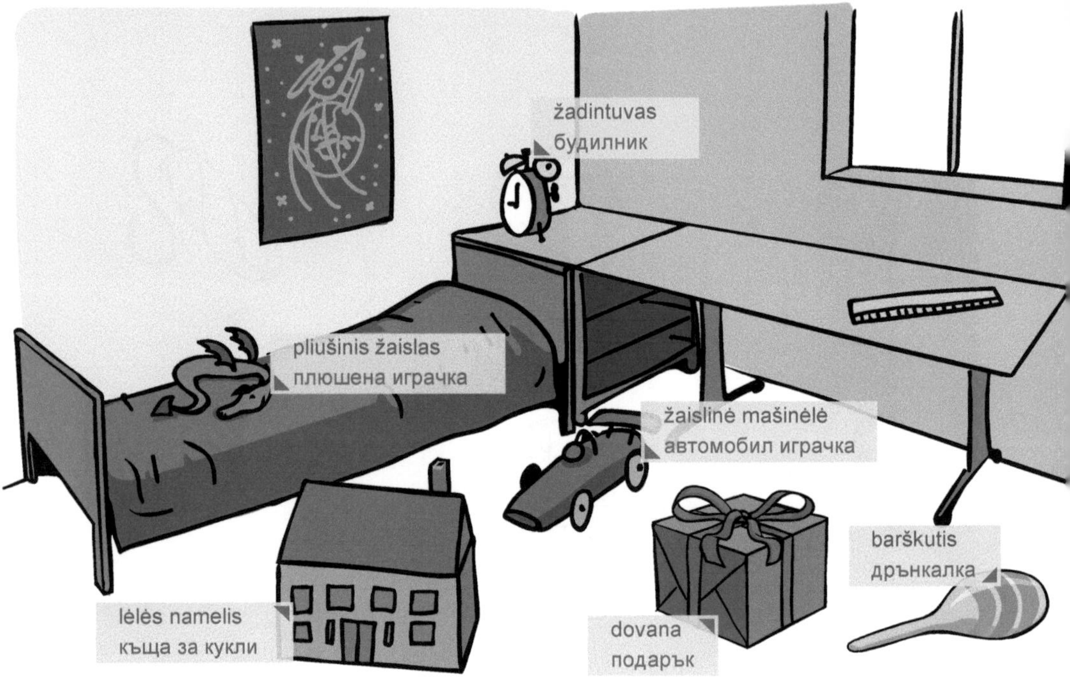
žadintuvas
будилник
pliušinis žaislas
плюшена играчка
žaislinė mašinėlė
автомобил играчка
barškutis
дрънкалка
lėlės namelis
къща за кукли
dovana
подарък

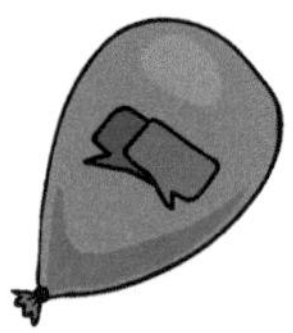

balionas

балон

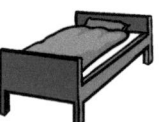

lova

легло

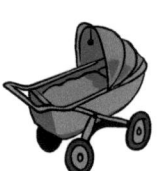

vaikiškas vežimėlis

детска количка

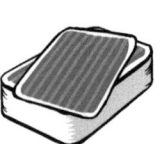

kortų malka

игра на карти

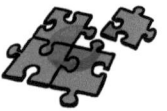

delionė

пъзел

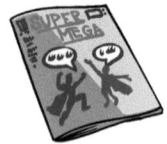

komiksai

комикс

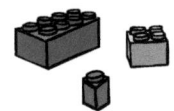

lego kaladėlės

лего елементи

žaislinės kaladėlės

строителни елементи

figūrėlė

екшън фигурка

šliaužtinukai

бебешки гащеризон

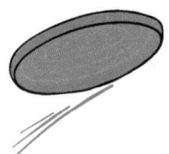

mėtymo lėkštė

фрисби

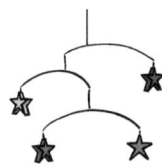

karuselė

бебешки играчки за легло

stalo žaidimas

настолна игра

kauliukai

зарче

žaislinis traukinys

миниатюрно влакче

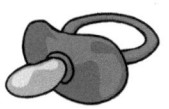

žindukas

биберон

vakarėlis

парти

paveiksliukų knygelė

детска книга с илюстрации

kamuolys

топка

lėlė

кукла

žaisti

играя

smėlio dėžė

пясъчник

sūpynės

люлка

žaislai

играчка

žaidimų konsolė

игрова конзола

triratukas

велосипед с три колелета

meškiukas

плюшено мече

drabužių spinta

гардероб

drabužis

облекло

kojinės

къси чорапи

kojinės virš kelių

дълги чорапи

pėdkelnės

чорапогащник

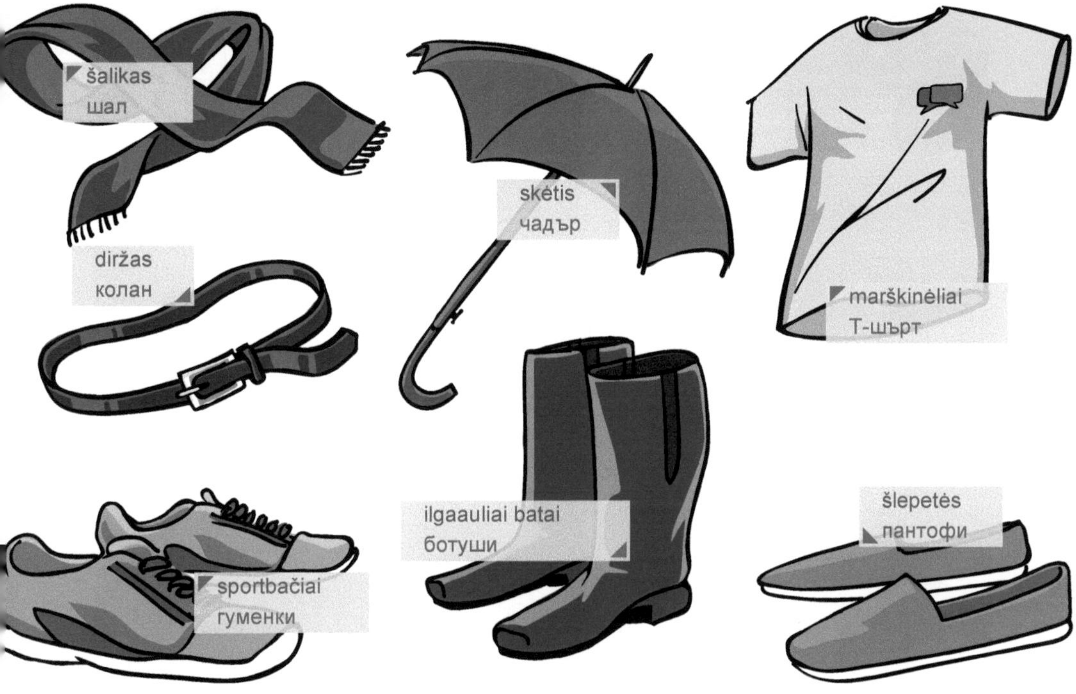

šalikas
шал

skėtis
чадър

diržas
колан

marškinėliai
Т-шърт

ilgaauliai batai
ботуши

šlepetės
пантофи

sportbačiai
гуменки

sandalai
....
сандали

batai
....
обувки

guminiai batai
гумени ботуши

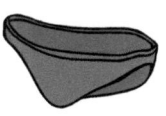

trumpikės
....
слип

liemenėlė
....
сутиен

liemenė
....
долна блуза

drabužis - облекло

45

glaustinukė

боди

kelnės

панталон

džinsai

дънки

sijonas

пола

palaidinė

блуза

marškiniai

риза

megztinis

пуловер

megztinis su gobtuvu

суичър

švarkelis

блейзър

švarkas

яке

paltas

палто

lietpaltis

дъждобран

kostiumas

костюм

suknelė

рокля

vestuvinė suknelė

булчинска рокля

kostiumas

костюм

naktiniai marškiniai

нощница

pižama

пижама

saris

сари

skarelė

кърпа за глава

tiurbanas

тюрбан

burka

бурка

kaftanas

кафтан

abaja

абая

maudymosi kostiumėlis

бански костюм

glaudės

плувни шорти

šortai

къс панталон

sportinis kostiumas

анцуг

prijuostė

престилка

pirštinės

ръкавици

saga

копче

akiniai

очила

apyrankė

гривна

vėrinys

верижка

žiedas

пръстен

auskaras

обеца

kepurė

каскет

pakabas

закачалка

skrybėlė

шапка

kaklaraištis

вратовръзка

užtrauktukas

цип

šalmas

каска

breketai

тиранти

mokyklinė uniforma

ученическа униформа

uniforma

униформа

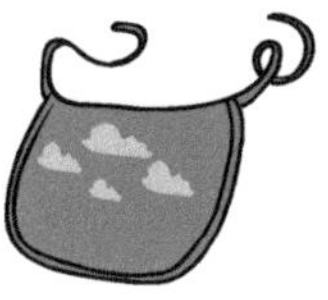

seilinukas

лигавник

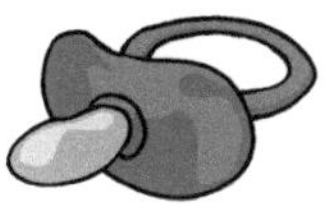

žindukas

биберон

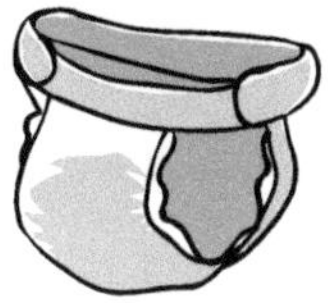

vystyklai

пелена

biuras

офис

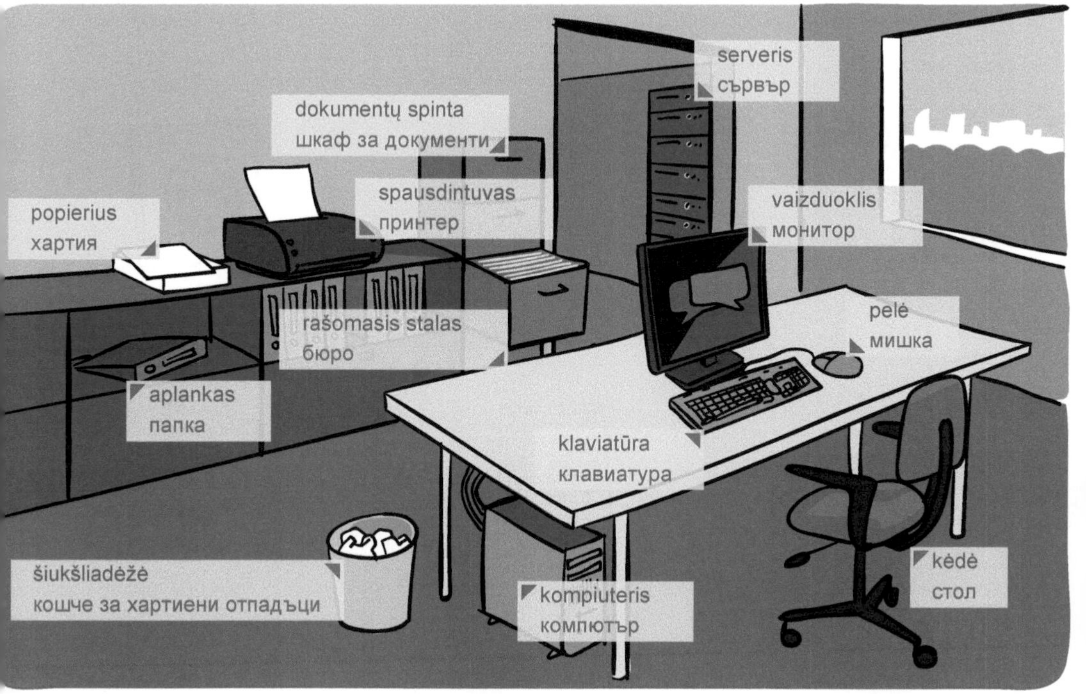

serveris
сървър
dokumentų spinta
шкаф за документи
spausdintuvas
принтер
popierius
хартия
vaizduoklis
монитор
pelė
мишка
rašomasis stalas
бюро
aplankas
папка
klaviatūra
клавиатура
šiukšliadėžė
кошче за хартиени отпадъци
kėdė
стол
kompiuteris
компютър

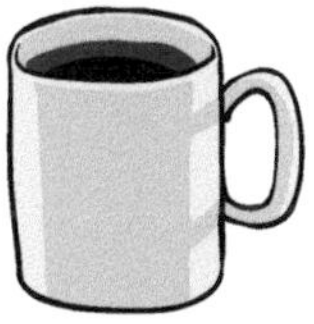

kavos puodelis

чаша за кафе

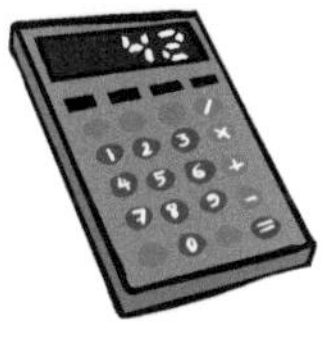

kalkuliatorius

джобен калкулатор

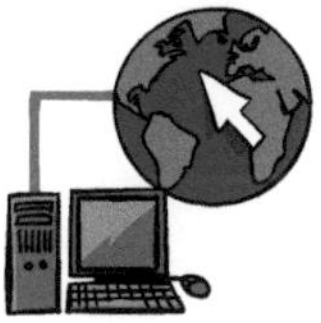

internetas

интернет

nešiojamasis kompiuteris

лаптоп

laiškas

писмо

žinutė

съобщение

mobilusis telefonas

мобилен телефон

tinklas

мрежа

fotokopijavimo aparatas

ксерокс

programinė įranga

софтуер

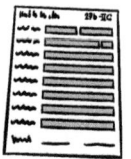

telefonas

телефон

kištukinis lizdas

контакт

faksas

факс

forma

формуляр

dokumentas

документ

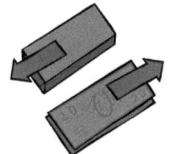

pirkti

купувам

mokėti

плащам

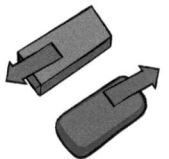

prekiauti

търгувам

pinigai

пари

doleris

долар

euras

евро

jena

йена

rublis

рубла

Šveicarijos frankas

швейцарски франк

juanis

ренминби юан

rupija

рупия

bankomatas

банкомат

valiutos keitykla

обменно бюро

auksas

злато

sidabras

сребро

nafta

нефт

energija

енергия

kaina

цена

sutartis

договор

mokestis

данък

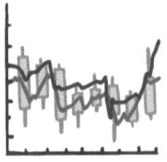

akcijos

акция

dirbti

работя

darbuotojas

служител

darbdavys

работодател

gamykla

фабрика

parduotuvė

магазин за цветя

ekonomika - икономика

profesijos

професии

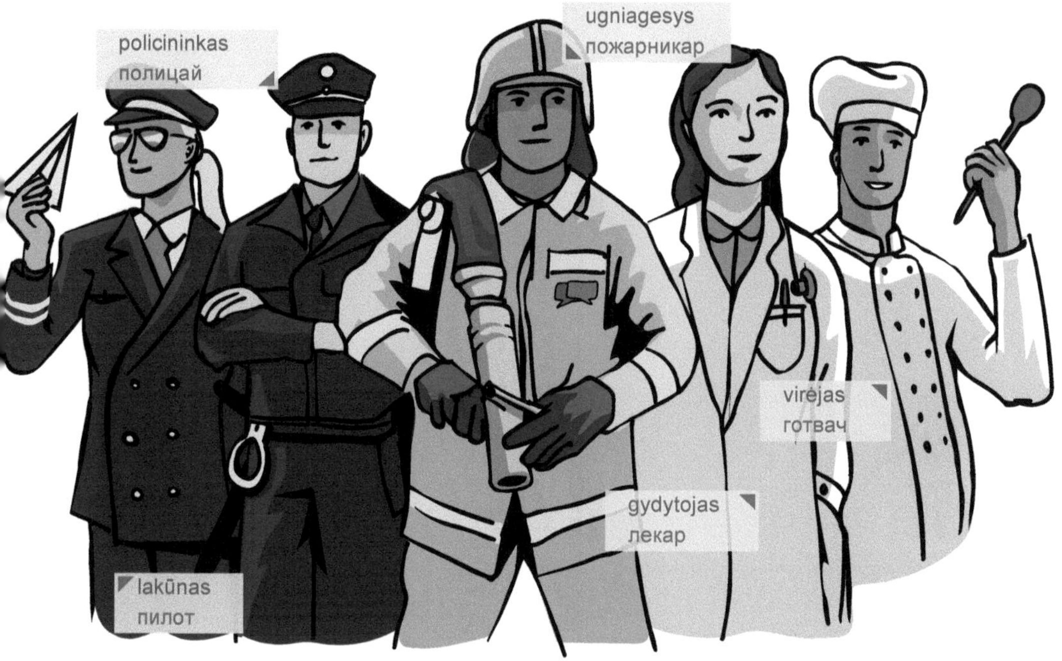
policininkas
полицай
ugniagesys
пожарникар
virėjas
готвач
gydytojas
лекар
lakūnas
пилот

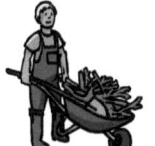

sodininkas

градинар

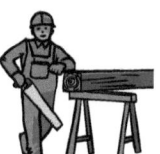

stalius

мебелист

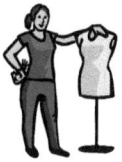

siuvėja

шивачка

teisėjas

съдия

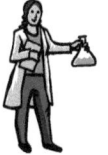

chemikas

химик

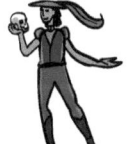

aktorius

артист

autobuso vairuotojas

шофьор на автобус

taksi vairuotojas

шофьор на такси

žvejys

рибар

valytoja

чистачка

stogdengys

майстор на покриви

padavėjas

келнер

medžiotojas

ловец

dailininkas

художник

kepėjas

хлебар

elektrikas

електротехник

statybininkas

строителен работник

inžinierius

инженер

mėsininkas

касапин

santechnikas

тенекеджия

paštininkas

пощальон

kareivis

войник

architektas

архитект

kasininkas

касиер

gėlininkas

цветар

kirpėjas

фризьор

konduktorius

кондуктор

mechanikas

механик

kapitonas

капитан

odontologas

зъболекар

mokslininkas

научен работник

rabinas

равин

imamas

имàм

vienuolis

монах

kunigas

свещеник

įrankiai
инструменти

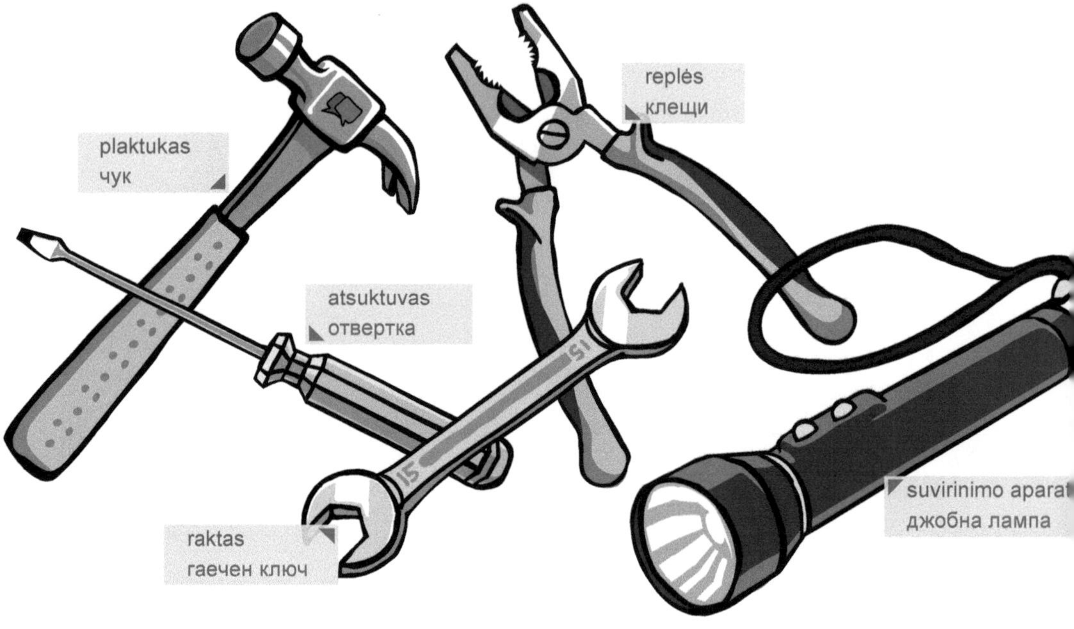
plaktukas
чук
replės
клещи
atsuktuvas
отвертка
raktas
гаечен ключ
suvirinimo aparat
джобна лампа

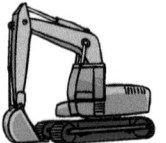

ekskavatorius
багер

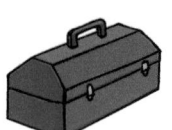

įrankių dėžė
кутия за инструменти

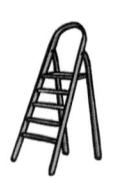

kopėčios
стълба

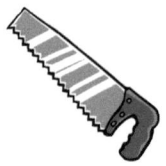

pjūklas
трион

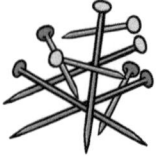

vinys
пирони

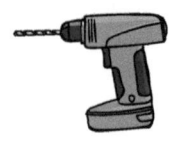

grąžtas
бормашина

taisyti

ремонтирам

kastuvas

лопата

Velniava!

По дяволите!

semtuvėlis

лопатка за смет

dažų skardinė

кутия за боя

varžtai

болтове

muzikos instrumentai
музикални инструменти

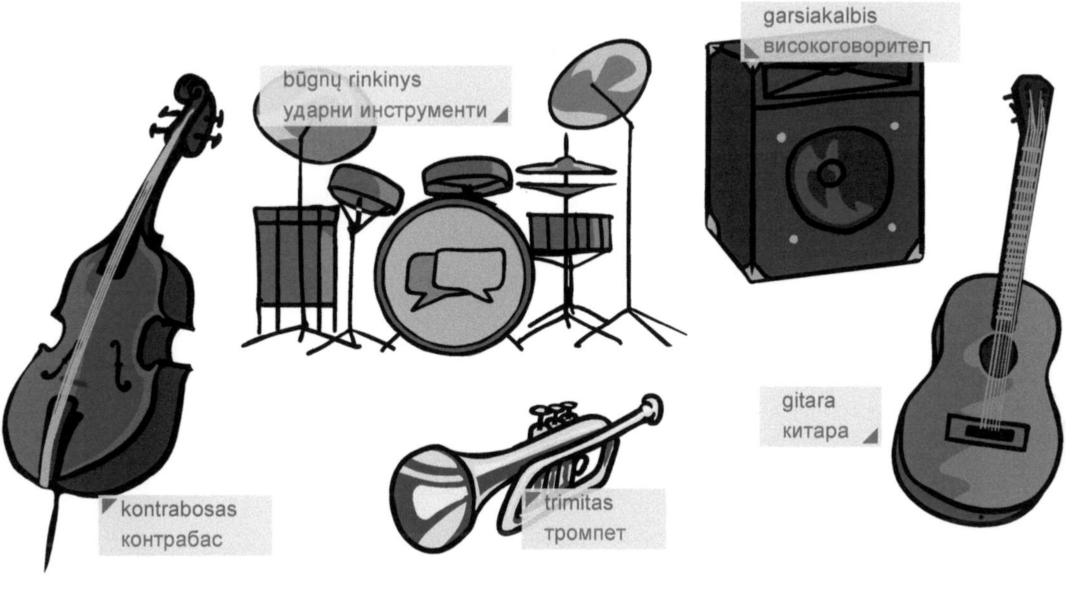

būgnų rinkinys
ударни инструменти

garsiakalbis
високоговорител

gitara
китара

kontrabosas
контрабас

trimitas
тромпет

pianinas

пиано

smuikas

виолина

bosinė gitara

контрабас

timpanas

тимпан

būgnai

барабан

sintezatorius

електрическо пиано

saksofonas

саксофон

fleita

флейта

mikrofonas

микрофон

zoologijos sodas

зоологическа градина

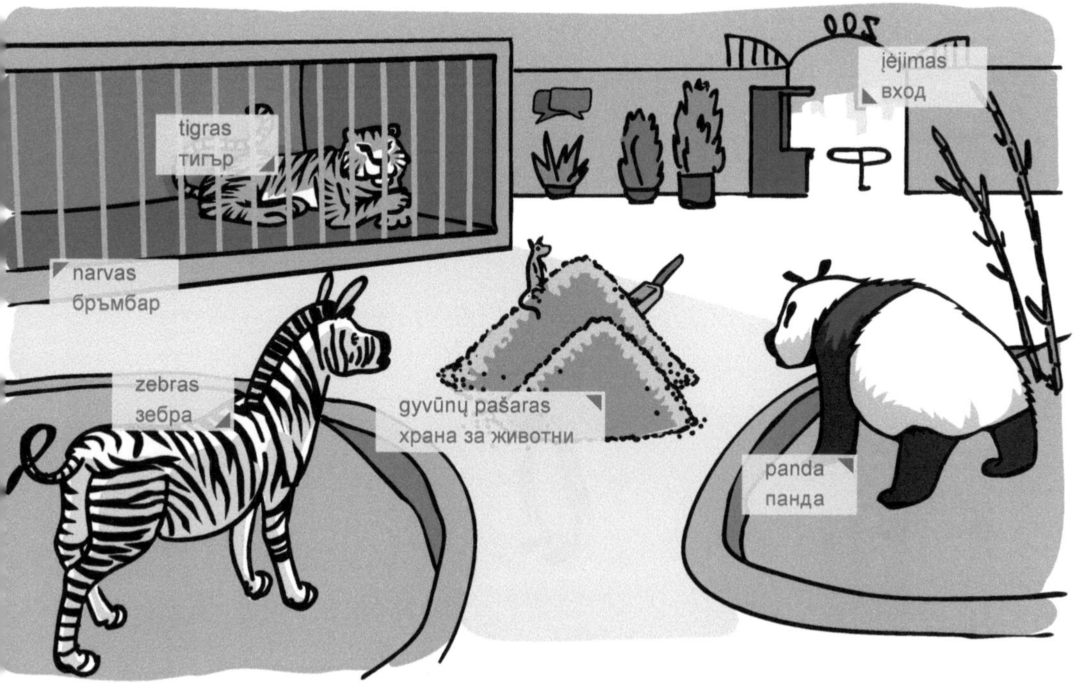

tigras
тигър
įėjimas
вход
narvas
бръмбар
zebras
зебра
gyvūnų pašaras
храна за животни
panda
панда

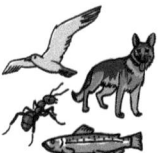

gyvūnai

животни

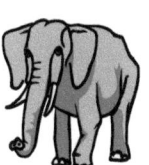

dramblys

слон

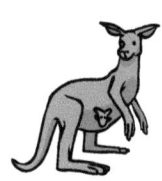

kengūra

кенгуру

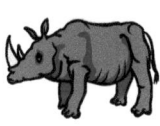

raganosis

носорог

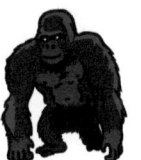

gorila

горила

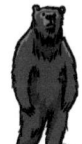

meška

мечка

kupranugaris

камила

strutis

щраус

liūtas

лъв

beždžionė

маймуна

flamingas

фламинго

papūga

папагал

baltoji meška

бяла мечка

pingvinas

пингвин

ryklys

акула

povas

паун

gyvatė

змия

krokodilas

крокодил

zoologijos sodo prižiūrėtojas

пазач в зоологическа
градина

ruonis

тюлен

jaguaras

ягуар

ponis

пони

leopardas

леопард

begemotas

хипопотам

žirafa

жираф

erelis

орел

šernas

диво прасе

žuvis

риба

vėžlys

костенурка

vėplys

морж

lapė

лисица

gazelė

газела

amerikietiškas futbolas
американски футбол

dviračių sportas
колоездене

tenisas
тенис

krepšinis
баскетбол

plaukimas
плуване

boksas
бокс

ledo ritulys
хокей на лед

futbolas
....
футбол

badmintonas
....
бадминтон

atletika
....
лека атлетика

rankinis
....
хандбал

slidinėjimas
....
ски бягане

polas
....
поло

šokinėti
скачам

apkabinti
прегръщам

juoktis
смея се

vaikščioti
вървя

dainuoti
пея

svajoti
сънувам

melstis
моля се

bučiuoti
целувам

rašyti
пиша

piešti
рисувам

rodyti
показвам

stumti
бутам

duoti
давам

imti
взимам

turėti

имам

daryti

правя

būti

съм

stovėti

стоя

bėgti

тичам

traukti

дърпам

mesti

хвърлям

kristi

падам

meluoti

лежа

laukti

чакам

nešti

нося

sėdėti

седя

rengtis

обличам

miegoti

спя

pabusti

събуждам се

žiūrėti

разглеждам

verkti

плача

glostyti

милвам

šukuoti

реша се

kalbėti

говоря

suprasti

разбирам

paklausti

питам

klausytis

слушам

gerti

пия

valgyti

ям

tvarkytis

разтребвам

mylėti

обичам

gaminti

готвя

vairuoti

карам автомобил

skristi

летя

buriuoti

плавам (с платна)

skaičiuoti

смятане

skaityti

чета

mokytis

уча

dirbti

работя

vesti

женя се

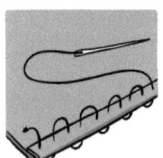

siūti

шия

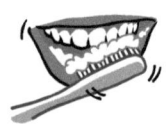

valytis dantis

измивам си зъбите

žudyti

убивам

rūkyti

пуша

siųsti

изпращам

šeima
семейство

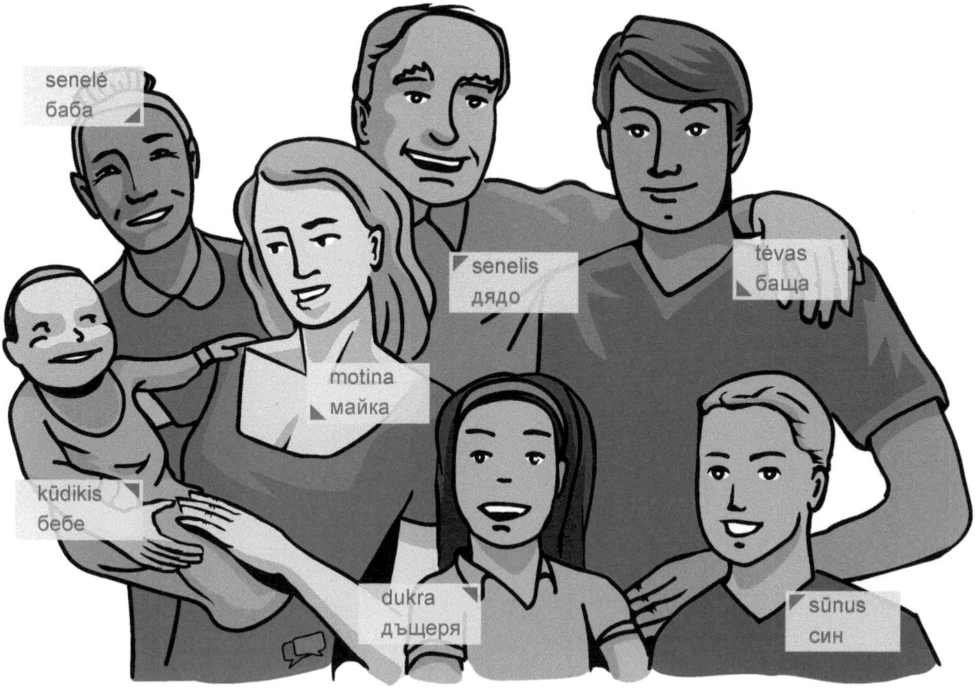
senelė
баба
senelis
дядо
tėvas
баща
motina
майка
kūdikis
бебе
dukra
дъщеря
sūnus
син

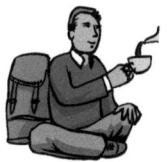

svečias

посетител

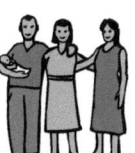

teta

леля

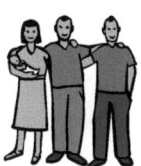

dėdė

чичо

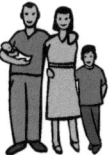

brolis

брат

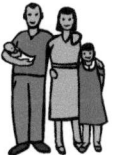

sesuo

сестра

kūnas

тяло

kakta
чело
akis
око
petys
рамо
pirštas
пръст
veidas
лице
smakras
брадичка
plaštaka
ръка
koja
крак
krūtinė
гърди
ranka
ръка

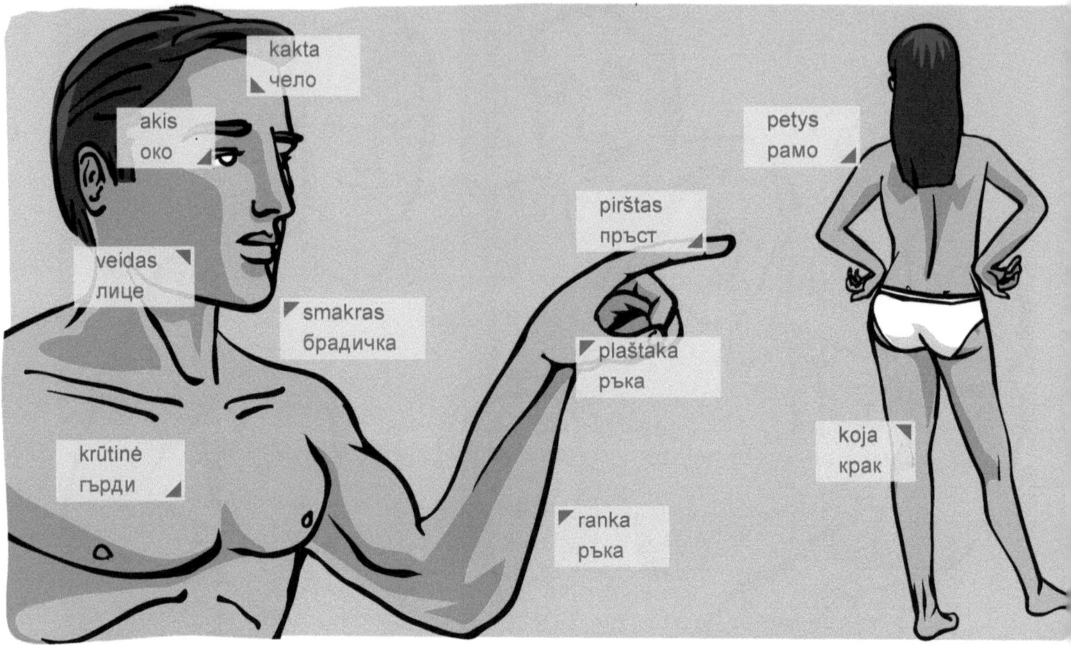

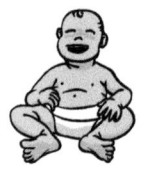

kūdikis

бебе

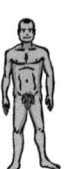

vyras

мъж

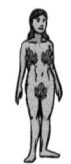

moteris

жена

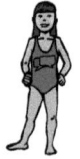

mergaitė

момиче

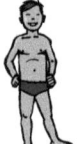

berniukas

момче

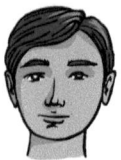

galva

глава

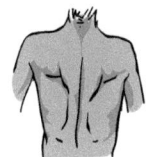

nugara

гръб

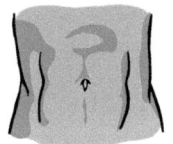

pilvas

корем

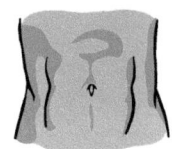

bamba

пъп

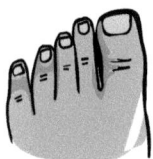

kojos pirštas

пръст на крака

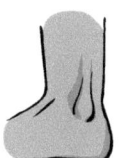

kulnas

пета

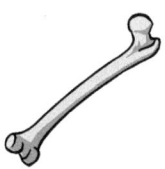

kaulas

кост

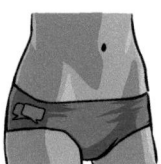

klubas

хълбок

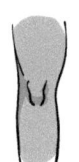

kelis

коляно

alkūnė

лакът

nosis

нос

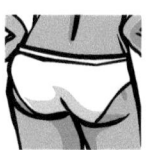

sėdmenys

седалище

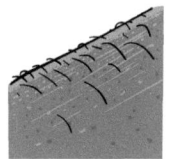

oda

кожа

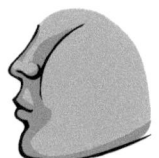

skruostas

буза

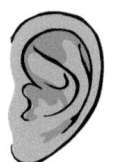

ausis

ухо

lūpa

устна

kūnas - тяло

burna

уста

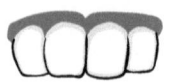

dantis

зъб

liežuvis

език

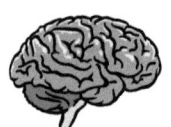

smegenys

мозък

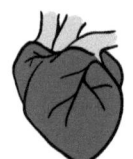

širdis

сърце

raumuo

мускул

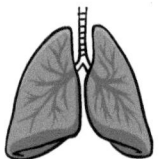

plaučiai

бял дроб

kepenys

черен дроб

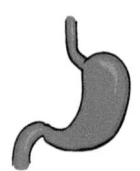

skrandis

стомах

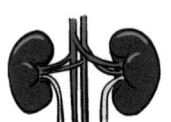

inkstai

бъбреци

seksas

полово сношение

prezervatyvas

кондом

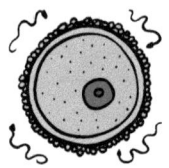

kiaušialąstė

яйцеклетка

sperma

сперма

nėštumas

бременност

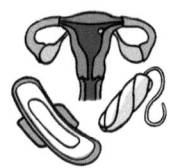

menstruacijos

менструация

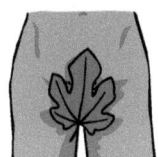

makštis

вагина

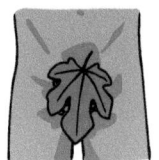

varpa

пенис

antakis

вежда

plaukai

коса

kaklas

шия

ligoninė
болница

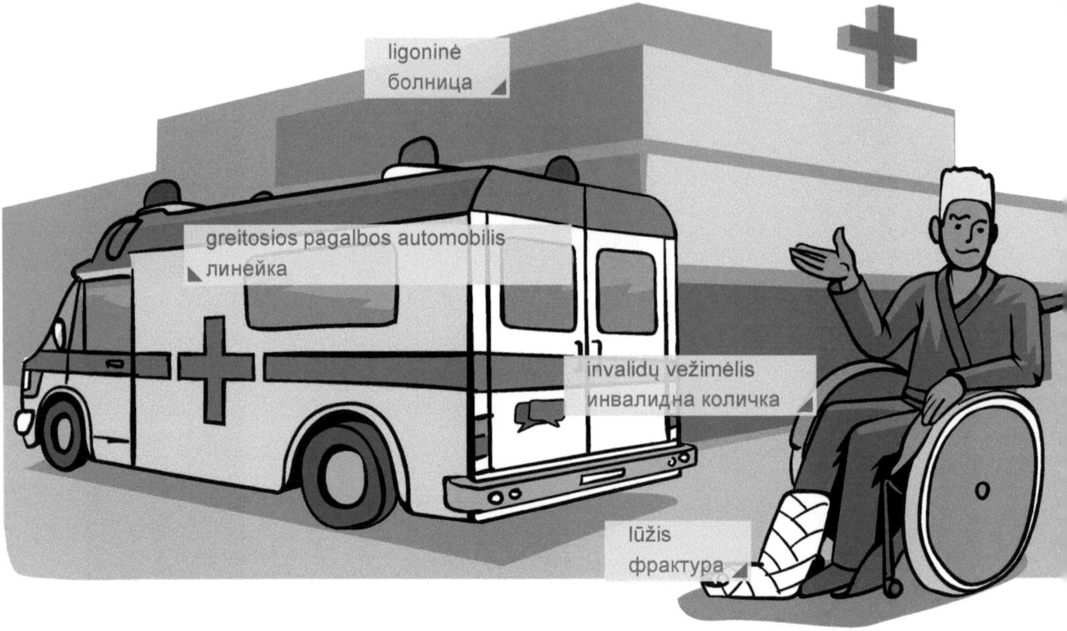

ligoninė
болница
greitosios pagalbos automobilis
линейка
invalidų vežimėlis
инвалидна количка
lūžis
фрактура

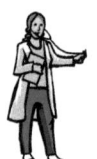

gydytojas

лекар

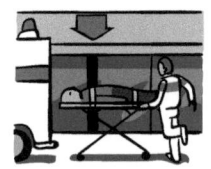

skubios pagalbos skyrius

спешна хоспитализация

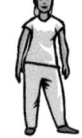

slaugytoja

медицинска сестра

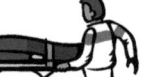

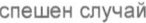

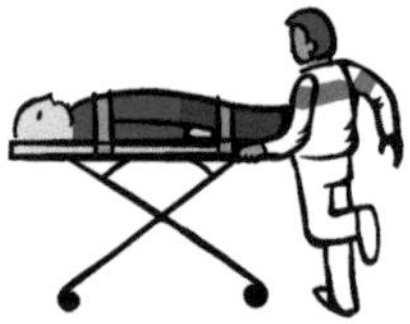

nelaimingas atsitikimas

спешен случай

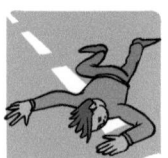

be sąmonės

в безсъзнание

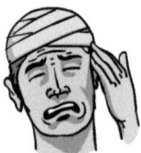

skausmas

болка

sužalojimas

нараняване

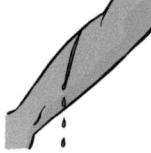

kraujavimas

кървене

širdies smūgis

инфаркт

insultas

инсулт

alergija

алергия

kosulys

кашлица

karščiavimas

температура

gripas

грип

viduriavimas

диария

galvos skausmas

главоболие

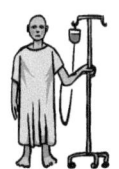

vėžys

рак

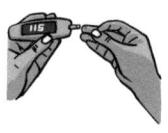

diabetas

диабет

chirurgas

хирург

skalpelis

скалпел

operacija

операция

KT

компютърна томография

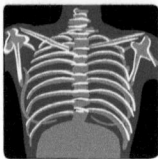

rentgenas

рентген

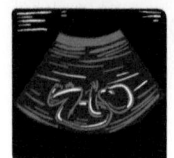

ultragarsas

ултразвук

veido kaukė

маска

liga

болест

laukiamasis

чакалня

ramentas

патерица

gipsas

пластир

tvarstis

превръзка

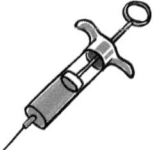

injekcija

инжекция

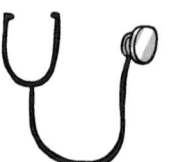

stetoskopas

стетоскоп

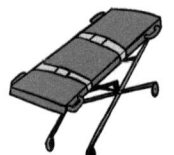

neštuvai

носилка

termometras

термометър

gimimas

раждане

antsvoris

наднормено тегло

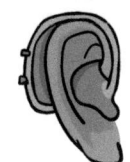

klausos aparatas

слухов апарат

dezinfekavimo priemonė

дезинфекционно средство

infekcija

инфекция

virusas

вирус

ŽIV / AIDS

HIV / AIDS

vaistas

медицина

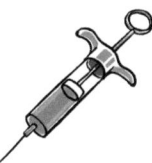

skiepijimas

ваксинация

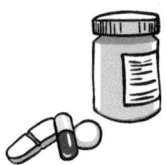

tabletės

таблети

piliulė

противозачатъчна таблетка

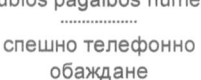

skubios pagalbos numeris

спешно телефонно обаждане

kraujospūdžio matuoklis

апарат за измерване на кръвното налягане

ligotas / sveikas

болен / здрав

Padėkite!

Помощ!

pavojaus signalas

сигнал за тревога

užpuolimas

нападение

ataka

атака

pavojus

опасност

avarinis išėjimas

аварен изход

Gaisras!

Пожар!

gesintuvas

пожарогасител

nelaimingas atsitikimas

злополука

pirmosios pagalbos rinkinys

комплект за оказване на
първа помощ

SOS

SOS

policija

полиция

Europa

Европа

Šiaurės Amerika

Северна Америка

Pietų Amerika

Южна Америка

Afrika

Африка

Azija

Азия

Australija

Австралия

Atlanto vandenynas

Атлантически океан

Ramusis vandenynas

Тихи океан

Indijos vandenynas

Индийски океан

Pietų vandenynas

Южен ледовит океан

Arkties vandenynas

Северен ледовит океан

Šiaurės ašigalis

Северен полюс

Pietų ašigalis

Южен полюс

Antarktida

Антарктида

Žemė

Земя

sausuma

суша

jūra

море

sala

остров

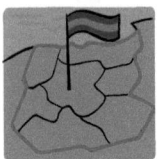

tauta

нация

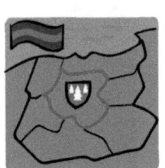

valstybė

държава

ciferblatas

циферблат

valandinė rodyklė

стрелка на часовете

minutinė rodyklė

стрелка на минутите

sekundinė rodyklė

стрелка на секундите

Kiek valandų?

Колко е часът?

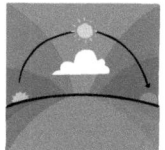

diena

ден

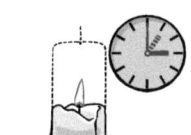

laikas

време

dabar

сега

skaitmeninis laikrodis

дигитален часовник

minutė

минута

valanda

час

savaitė

седмица

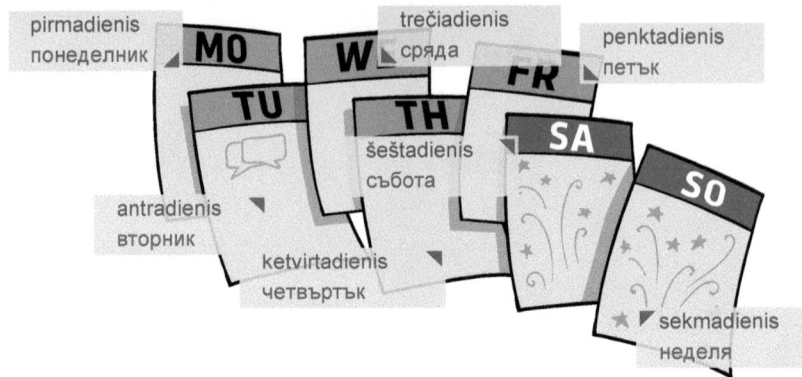

pirmadienis
понеделник

antradienis
вторник

trečiadienis
сряда

ketvirtadienis
четвъртък

šeštadienis
събота

penktadienis
петък

sekmadienis
неделя

vakar

вчера

šiandien

днес

rytoj

утре

rytas

сутрин

vidurdienis

обед

vakaras

вечер

darbo dienos

работни дни

savaitgalis

уикенд

metai

година

lietus
дъжд
vaivorykštė
дъга
sniegas
сняг
vėjas
вятър
pavasaris
пролет
ruduo
есен
vasara
лято
žiema
зима

4.APRIL 11°
5.APRIL 4°
6.APRIL 13°
7.APRIL 8°
8.APRIL 10°

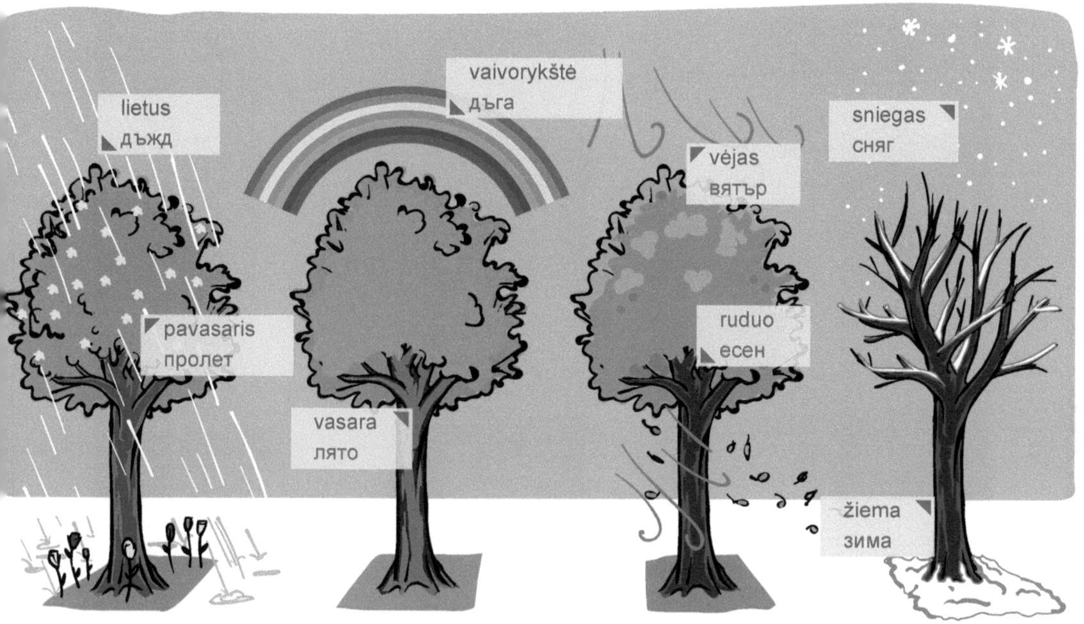

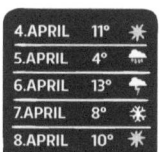

orų prognozė

прогноза за времето

F
C

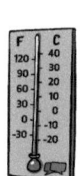

lauko termometras

термометър

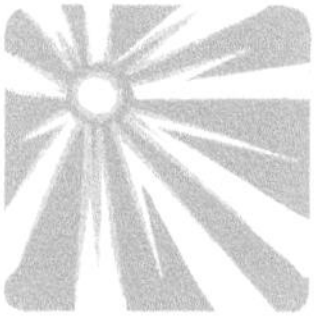

saulės šviesa

слънчева светлина

debesis

облак

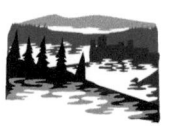

rūkas

мъгла

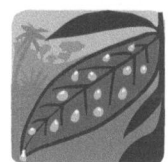

drėgmė

влажност на въздуха

žaibas

светкавица

griaustinis

гръмотевица

audra

буря

kruša

градушка

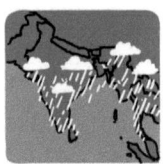

musonas

мусон

potvynis

наводнение

ledas

лед

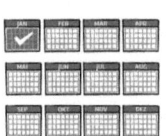

sausis

януари

vasaris

февруари

kovas

март

balandis

април

gegužė

май

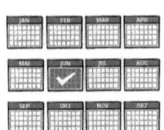

birželis

юни

liepa

юли

rugpjūtis

август

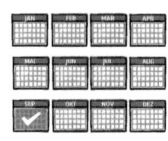

rugsėjis

септември

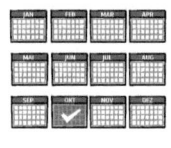

spalis

октомври

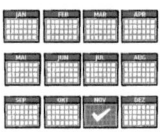

lapkritis

ноември

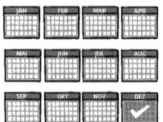

gruodis

декември

formos

форми

apskritimas

кръг

kvadratas

квадрат

stačiakampis

четириъгълник

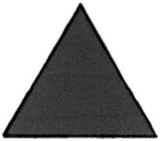

trikampis

триъгълник

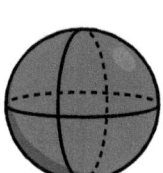

sfera

сфера

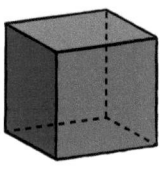

kubas

куб

balta

бял

geltona

жълт

oranžinė

оранжев

rožinė

розов

raudona

червен

violetinė

лилав

mėlyna

син

žalia

зелен

ruda

кафяв

pilka

сив

juoda

черен

daug / mažai

много / малко

piktas / ramus

ядосан / спокоен

gražus / bjaurus

красив / грозен

pradžia / pabaiga

начало / край

didelis / mažas

голям / малък

šviesus / tamsus

светъл / тъмен

brolis / sesuo

брат / сестра

švarus / purvinas

чист / мръсен

užbaigtas / neužbaigtas

пълен / непълен

diena / naktis

ден / нощ

miręs / gyvas

мъртъв / жив

platus / siauras

широк / тесен

valgomas / nevalgomas

ядлив / неядлив

piktas / malonus

сърдит / любезен

linksmas / nuobodus

развълнуван / скучаещ

storas / plonas

дебел / тънък

pirmiausia / paskiausia

най-напред / най-накрая

draugas / priešas

приятел / враг

pilnas / tuščias

пълен / празен

kietas / minkštas

твърд / мек

sunkus / lengvas

тежък / лек

alkis / troškulys

глад / жажда

ligotas / sveikas

болен / здрав

nelegalus / legalus

нелегален / легален

protingas / kvailas

интелигентен / глупав

kairė / dešinė

ляво / дясно

arti / toli

близо / далече

naujas / naudotas

нов / употребяван

niekas / kažkas

нищо / нещо

senas / jaunas

стар / млад

įjungta / išjungta

вкл. / изкл.

atidaryta / uždaryta

отворен / затворен

tylus / garsus

тих / силен (звук)

turtingas / vargšas

богат / беден

teisus / neteisus

правилен / погрешен

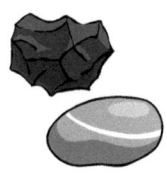

šiurkštus / švelnus

грапав / гладък

liūdnas / laimingas

тъжен / щастлив

trumpas / ilgas

дълъг / къс

lėtas / greitas

бавен / бърз

drėgnas / sausas

мокър / сух

šiltas / šaltas

топъл / студен

karas / taika

война / мир

0

nulis

нула

1

vienas

едно

2

du

две

3

trys

три

4

keturi

четири

5

penki

пет

6

šeši

шест

7

septyni

седем

8

aštuoni

осем

9

devyni

девет

10

dešimt

десет

11

vienuolika

единадесет

12

dvylika

дванадесет

13

trylika

тринадесет

14

keturiolika

четиринадесет

15

penkiolika

петнадесет

16

šešiolika

шестнадесет

17

septyniolika

седемнадесет

18

aštuoniolika

осемнадесет

19

devyniolika

деветнадесет

20

dvidešimt

двадесет

100

šimtas

сто

1.000

tūkstantis

хиляда

1.000.000

milijonas

милион

anglų

английски

amerikiečių anglų

американски английски

kinų (mandarinų)

китайски мандарин

hindi

хинди

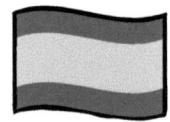

ispanų

испански

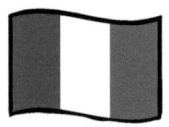

prancūzų

френски

arabų

арабски

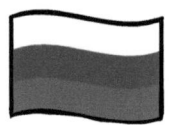

rusų

руски

portugalų

португалски

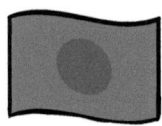

bengalų

бенгалски

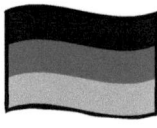

vokiečių

немски

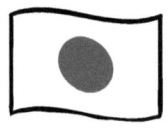

japonų

японски

aš

аз

tu

ти

jis / ji

той / тя / то

mes

ние

jūs

вие

jie

те

kas?

кой?

ką?

какво?

kaip?

как?

kur?

къде?

kada?

кога?

vardas

име

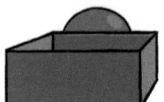

už

зад

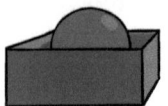

kur (vieta)

в

priešais

пред

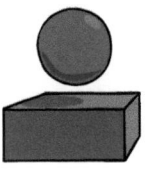

virš

над

ant

върху

po

под

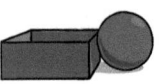

prie

до

tarp

между

vieta

място